NÃO É TUDO
UMA EPIFANIA E UM ESTUDO DE CASO DA MINHA PRÓPRIA MENTE

CB034353

Editora Appris Ltda.
1.ª Edição - Copyright© 2024 da autora
Direitos de Edição Reservados à Editora Appris Ltda.

Nenhuma parte desta obra poderá ser utilizada indevidamente, sem estar de acordo com a Lei nº 9.610/98. Se incorreções forem encontradas, serão de exclusiva responsabilidade de seus organizadores. Foi realizado o Depósito Legal na Fundação Biblioteca Nacional, de acordo com as Leis nos 10.994, de 14/12/2004, e 12.192, de 14/01/2010.

Catalogação na Fonte
Elaborado por: Dayanne Leal Souza
Bibliotecária CRB 9/2162

G643n
2024
	Gonçalves, Juju
	    Não é tudo: uma epifania e um estudo de caso da minha própria mente / Juju Gonçalves. – 1. ed. – Curitiba: Appris, 2024.
	    124p. : il. ; 21 cm.
	
	    ISBN 978-65-250-6331-7
	
	    1. Epifania. 2. Autoanálise (Psicologia). 3. Terapia. I. Gonçalves, Juju. II. Título.
	
	                                                              CDD – 128.2

Livro de acordo com a normalização técnica da ABNT

Editora e Livraria Appris Ltda.
Av. Manoel Ribas, 2265 – Mercês
Curitiba/PR – CEP: 80810-002
Tel. (41) 3156 - 4731
www.editoraappris.com.br

Printed in Brazil
Impresso no Brasil

Juju Gonçalves

NÃO É TUDO
UMA EPIFANIA E UM ESTUDO DE CASO DA MINHA PRÓPRIA MENTE

FICHA TÉCNICA

EDITORIAL
Augusto Coelho
Sara C. de Andrade Coelho

COMITÊ EDITORIAL
Ana El Achkar (Universo/RJ)
Andréa Barbosa Gouveia (UFPR)
Antonio Evangelista de Souza Netto (PUC-SP)
Belinda Cunha (UFPB)
Délton Winter de Carvalho (FMP)
Edson da Silva (UFVJM)
Eliete Correia dos Santos (UEPB)
Erineu Foerste (Ufes)
Fabiano Santos (UERJ-IESP)
Francinete Fernandes de Sousa (UEPB)
Francisco Carlos Duarte (PUCPR)
Francisco de Assis (Fiam-Faam-SP-Brasil)
Gláucia Figueiredo (UNIPAMPA/ UDELAR)
Jacques de Lima Ferreira (UNOESC)
Jean Carlos Gonçalves (UFPR)
José Wálter Nunes (UnB)
Junia de Vilhena (PUC-RIO)
Lucas Mesquita (UNILA)
Márcia Gonçalves (Unitau)
Maria Aparecida Barbosa (USP)
Maria Margarida de Andrade (Umack)
Marilda A. Behrens (PUCPR)
Marília Andrade Torales Campos (UFPR)
Marli Caetano
Patrícia L. Torres (PUCPR)
Paula Costa Mosca Macedo (UNIFESP)
Ramon Blanco (UNILA)
Roberta Ecleide Kelly (NEPE)
Roque Ismael da Costa Güllich (UFFS)
Sergio Gomes (UFRJ)
Tiago Gagliano Pinto Alberto (PUCPR)
Toni Reis (UP)
Valdomiro de Oliveira (UFPR)

SUPERVISORA EDITORIAL Renata C. Lopes

PRODUÇÃO EDITORIAL Daniela Nazario

REVISÃO Andrea Bassoto Gatto

DIAGRAMAÇÃO
Yaidiris Torres
Bruna Holmen
Jibril Keddeh

CAPA Juju Gonçalves e Jhonny Reis

REVISÃO DE PROVA
Bruna Santos
Jibril Keddeh

A todos aqueles que se interessam pela mente e pela arte.

AGRADECIMENTOS

Agradeço à Tatiane, minha psicóloga. Sem ela eu não teria um espaço seguro para melhorar.

Agradeço aos meus pais, que só querem que eu seja feliz, mesmo discordando dos meus caminhos às vezes.

Aos meus amigos que estiveram comigo durante essa jornada; em especial a Naju e o Gui – vocês foram meu porto seguro.

Aos amigos que me ajudaram com este livro, lendo versões confusas e me dando *feedbacks*. Sem a ajuda de vocês acho que teria abandonado o projeto por não acreditar em mim.

Aos meus irmãos, por estarem aqui.

Por fim, agradeço a você, que está lendo isso, por apoiar a minha arte. Obrigada.

SUMÁRIO

A EPIFANIA 15
Eu vou do 8 ao 80 17
Eu descobri algo grande e tô vivendo ele agora 19
Não é uma projeção na tela do que tá acontecendo, é como se eu estivesse em um andar acima, literalmente, uma outra dimensão 21
Eu me sinto muito louca. Tô chapada também (rs) 23
Não é Tudo é o gatilho para pular 25
Não tô conseguindo pular 27
Vive no momento 29
Em pequenas e grandes escalas (dificuldade de interagir; não, dificuldade Não é Tudo, mas é o que eu tô sentindo agora, até não me sentir à vontade de 31
Juro, descobri que é tudo e tô achando que tudo significa escrever e tô lutando para parar de 35
É esse julgamentozinho, esse "cuida da sua vida, porra!", para aquela eu parar de assistir os outros 37
É a análise 39
Agora só tô contando pra você porque tô feliz 41
Nem me lembro 43
Eu tô feliz demais pra ficar fazendo análise 45
(kakaka) Me desculpa, Tatiane 47
E é isso 49
Ideia para tattoo: laranja com fatias e um degradê 51
TEORIA DA LARANJA 55
Cada vez que digo "Não é Tudo", eu tô pensando com a mente da Juliana que eu observava 61
Que doidera 63

VISUALIZANDO 67
Não estou correndo em cima, pisando nas bordas 69
Acho que a Juliana Diretora se dá pelo desregulamento do ponteiro do 8 ou 80 71

Mas ela é boa também, pensa bastante... O negócio é falar "Isso aí!" ou "Bora lá!", que ela acalma. Mas ela é importante também, mas também Não é Tudo, tem que ter equilíbrio!......... 73
E tudo bem porque Não é Tudo, é 01 unidade de jogo de sinuca, é natural......... 75
0,0   0,1 77
São saturações diferentes 79
É tipo contar uma história do presente 81
Um momento inteiro Não é Tudo 83
É arte 85
Estética Zunim muitos pensamentos 87

A NARRAÇÃO **95**
3º Pessoa 97
Compromisso de não mudar 99
O que eu quero é o roteiro 101
Ser quem eu quero ser pra mim 103
Tudo importa. O que eu já faço importa também, dar valor, viver, viver 105
Eu posso ir no espectro completo 107

EU **109**
Ameba 111
Eu sou o outro 115
Eu sou a laranja 117
Fim 119
O cheiro da vida 121

A EPIFANIA

EU VOU DO 8 AO 80

Esse pensamento é bem autoexplicativo. Os extremos nunca foram estranhos para mim.

Viu? Nunca.

Em diversos momentos eu só enxergava duas possibilidades:
Sim ou não.
Tudo ou nada.
Completamente certo ou totalmente errado.
Irreversível ou insignificante.

Um exemplo disso é o que é falado.
O que a gente fala não tem tanta importância assim, mas não quer dizer que não tenha importância.
As palavras podem ser facilmente esquecidas.
Esse meu relato pode não despertar interesse em ninguém.
Algumas pessoas adoram falar coisas que nem verdade são e até as conversas mais marcantes não são lembradas palavra por palavra. Nós não vamos ouvir o que a maioria das pessoas do mundo têm a dizer e não vai fazer diferença para nós.

Por outro lado, palavras podem fazer a diferença no dia de alguém, podem começar guerras, assim como revoluções, palavras viram leis e há palavras que foram ditas para mim das quais me lembro até hoje.

Esse vai e volta nos extremos de um conceito, analisá-lo de vários ângulos, é o que acontece na minha mente.

> É como se eu estivesse contracenando comigo mesma em um debate e às vezes até penso em argumentos que não concordo e simulo realidades que não acredito.

Racionalmente, eu sei que os dois podem ser verdade ao mesmo tempo, mas era muito difícil para mim achar o meio-termo e repousar minha consciência ali, para aceitar o racional. Ao invés disso, meu pensamento ia para um dos extremos e dava algumas voltas por lá, até que eu trouxesse um argumento contra; mas só para a minha mente saber que não estava ali a verdade absoluta e ir para o outro extremo. De repente, sinto a angústia de que minha fala estará para sempre cravada na mente de quem a ouviu,

> Se não na do outro, na minha.

eternizando qualquer erro, gafe ou ofensa que eu possa ter dito. De repente, nada do que tenho a dizer importa.
O meu saber racional não impede os pensamentos e as emoções de refratar caoticamente.

> Como um laser em uma sala cheia de espelhos, que reflete de espelho em espelho em vários ângulos diferentes.

E ter essa agitação dentro da cabeça, esses pensamentos sobrepostos, enquanto a vida acontece é cansativo e gera ansiedade. Felizmente, essa epifania do Não é Tudo praticamente resolveu o problema para mim, cortando esses fluxos de pensamento e diminuindo drasticamente meus episódios de ansiedade.

EU DESCOBRI ALGO GRANDE E TÔ VIVENDO ELE AGORA

Esses títulos de capítulos são de uma nota do bloco de notas do meu celular, com o mesmo título deste documento

Ou livro, eu espero...

que você está lendo agora: "Não é Tudo".

Houve pós-edição de palavras abreviadas, necessárias para escrever rápido no celular e gramática, mas é tudo bem fiel a como realmente escrevi enquanto estava acontecendo.

O contexto no qual esta nota foi criada: foi em um rolê, com mais três amigos. Nós estávamos bebendo e conversando. Eu já tinha o hábito de, quando surgiam pensamentos autoanalíticos, escrevê-los para levar na terapia.

Nesse dia, porém, eu pensei "Não é Tudo" e isso mudou total e automaticamente a minha visão de vida e meu quadro de ansiedade.

Vocês podem ler o desenrolar da epifania, é o Sumário, e o livro é basicamente eu explicando cada pensamento que escrevi e outras coisas mais.

"Não é Tudo" é uma coisa bem óbvia, mas eu nunca tinha dito

Ou pensado.

isso, para mim, dessa forma. É óbvio que é importante ter equilíbrio,

Isso é dito em culturas e religiões por todo o mundo.

mas como conseguir? Essa é uma ideia que eu precisava absorver para além do racional, para funcionar, e no momento em que pensei "Não é Tudo", isso aconteceu.

Não é tudo, não é tanto, não é isso tudo, não é igual, não é sempre, não é para sempre, mas também não é insignificante, não é invisível, não é irrelevante, não é nada.

NÃO É UMA PROJEÇÃO NA TELA DO QUE TÁ ACONTECENDO, É COMO SE EU ESTIVESSE EM UM ANDAR ACIMA, LITERALMENTE, UMA OUTRA DIMENSÃO

Agora, sim, vamos começar.

Eu e minha psicóloga já tínhamos uma analogia em uso para lidar com o fato de que, em alguns momentos, eu sentia como se visse minha vida acontecendo através uma tela.

Nessa analogia, a Juliana

> Eu me chamo Juliana.

quem observa sua própria vida sendo vivida é a Juliana Diretora, que guia a Juliana Personagem, para existir seguindo o roteiro.

> Que roteiro? Ninguém sabe.

A Juliana Diretora analisa o contexto da cena, pondera sobre o que é e o que não é adequado de ser feito, sentir ou até mesmo pensar.

Eu imaginava as Julianas separadas por uma tela de televisão – era esta a visualização da minha ansiedade: uma parte de mim me ensaiando ao vivo como viver e agir "do jeito certo".

O pulo do gato da epifania foi "literalmente"

> E bota aspas nesse literalmente.

a separação não ser "física", como a tela da TV, mas como se uma Juliana estivesse de cima vendo a outra e, para viver como a Juliana Personagem, ou seja, no momento presente, genuína e espontaneamente, bastava pular.

E o Não é Tudo é o gatilho para o salto.

EU ME SINTO MUITO LOUCA. TÔ CHAPADA TAMBÉM (RS)

Isso aí eu acho totalmente razoável.

Eu me sentir louca, no caso.

No meio de um turbilhão de pensamentos, eu estou escrevendo para falar com minha terapeuta sobre passeios interdimensionais dentro da minha mente, ainda mais que não estava sóbria.

A não sobriedade tem um efeito interessante, pois a Juliana Diretora fica mais desinibida e pode não ligar tanto para o roteiro, o que não é necessariamente uma coisa ruim. Essa parte Diretora tem inteligência criativa, ideias interessantes e cria conceitos a partir disso. São coisas das quais gosto muito em mim.

NÃO É TUDO É O GATILHO PARA PULAR

É como se reconhecer o pensamento me teletransportasse

Ou, pelo menos, a minha consciência.

para o mundo de fora, o mundo real. Essa percepção interrompe o fluxo irracional de pensamentos e me permite presenciar a vida na fronteira entre eu e o mundo que está à minha volta, ao invés de viver no pensamento dentro da minha cabeça. Viver no momento, viver a partir da Juliana Personagem.

NÃO TÔ CONSEGUINDO PULAR

Queria te lembrar, querido(a) leitor(a), que ainda estamos naquele rolê.

Eu ainda estou sentada em uma mesa, no quintal do meu amigo, escrevendo no bloco de notas do celular, espantada e desconfiando se a minha descoberta é tão significante quanto eu imagino que seja ou se eu só estava bêbada.

No fundo, eu sabia que era sim.

É a parte Diretora, analista, que estava escrevendo tudo, mas escrevendo justamente sobre a troca de perspectiva que estava acontecendo.

Como Não é Tudo, não basta só descobrir o mantra, porque o efeito não é absoluto, e é isso que eu estava descobrindo sobre o Não é Tudo: que ele também não era tudo.

VIVE NO MOMENTO

Essa sou eu tentando me convencer a pensar na mente da Personagem, pois é legal demais estar presente, com pessoas legais, fazendo coisas que eu gosto, e viver isso, ao invés de viver o pensamento sobre isso.

EM PEQUENAS E GRANDES ESCALAS (DIFICULDADE DE INTERAGIR; NÃO, DIFICULDADE NÃO É TUDO, MAS É O QUE EU TÔ SENTINDO AGORA, ATÉ NÃO ME SENTIR À VONTADE DE

É nesse ponto que percebo o impacto que tudo isso gerava na minha vida, em pequenas e grandes escalas.

Não vou falar que, no geral, tenho dificuldades em interagir, mas às vezes eu tenho, e isso se dá muito pelo *timing* exigido para compartilhar um pensamento em uma roda de conversa, por exemplo.

Às vezes, eu hesito um pouco em dizer algo, e aí o que eu ia dizer já não se encaixa tão bem porque já foram para outro aspecto da conversa ou começaram um assunto diferente.

Eu costumo me dar bem melhor em conversas com uma ou poucas pessoas, aprofundando-me em um assunto, ao invés de conversas mais salpicadas.

A Juliana Personagem tende a ser mais espontânea, logo não hesita tanto, e costuma se sair melhor em situações sociais com grupos maiores de pessoas. Eu acredito que a Diretora possa ser tão espontânea quanto, mas com as pessoas que eu me sinto mais confortável em expor minha excentricidade, sem me preocupar muito com o tal do roteiro.

Estaria, neste momento, sendo a Personagem? Também, porque as duas partes existem simultaneamente. É como um degradê, não é fácil definir quando uma cor vira a outra.

Eu ainda estava no rolê, bem Juliana Diretora, com todos esses pensamentos acontecendo, um puxando o outro, tendo clareza, pela primeira vez, de muitas coisas. E, então, eu saí do celular

> Eu fui escrevendo aos poucos, uma ou duas coisas, parava, voltava minha atenção para as pessoas. Minha mente estava a milhão, fazendo analogias, encontrando significados, e quando formulava algo relevante o bastante, eu pegava meu celular e escrevia mais uma reflexão no bloco de notas.

para socializar, afinal, era uma confraternização de quatro pessoas. Eu sou 1/4 do rolê e não estava com o *timing* da conversa nem um pouco afiado, minha mente estava mais para um bololô de barbante.

Fico feliz que as pessoas que estavam lá eram tranquilas e estavam inebriadas também.

A grande escala que eu menciono no título do capítulo fala sobre essa mentalidade analista da Diretora, mas afetando os âmbitos sentimental/emocional.

Por tempos, um sintoma expressivo da minha depressão era a apatia.

> Não vou falar sobre diagnósticos, porque eu me formei em Design, não em Psicologia. Sou uma mera paciente explorando seus pensamentos, não tenho propriedade para falar da saúde mental de mais ninguém.

Eu vivi muitos momentos felizes, extraordinários e motivos de orgulho nesse tempo, mas às vezes eu não sentia felicidade.

Não é que eu não estivesse feliz naqueles momentos. Eu estava, sabia que estava, mas não sentia os efeitos de estar feliz. Eu ia tanto para o lado Diretora, tão para dentro da minha cabeça, que eu apenas reconhecia o sentimento. Reconheci que tinha orgulho logo após apresentar meu TCC, por exemplo, mas é diferente de senti-lo.

Pensar "Não é Tudo" me levou para um lugar em que eu voltei a sentir quase que imediatamente, pois fazia sentido. Eu ia para a frente, presente na fronteira entre o eu e o mundo, e os sentimentos chegam aqui.

JURO, DESCOBRI QUE É TUDO E TÔ ACHANDO QUE TUDO SIGNIFICA ESCREVER E TÔ LUTANDO PARA PARAR DE

Já falei que Não é Tudo, mas o que seria esse tudo?

O exemplo que usei para explicar aos meus pais e amigos a usabilidade desse mantra foi sobre queijo.

Vamos supor que alguém perguntou para mim qual é o meu queijo favorito e eu disse "Cheddar". Ao invés de seguir com a minha vida ou com o assunto, minha cabeça entra em um tribunal de Justiça: "Mas será que esse é seu queijo favorito mesmo?"; "Você come mais queijo canastra…"; "Se um dia forem comprar queijo para você…"; "Eles agora acham que esse é seu queijo favorito"; "Que baita mineira você é! Escolhendo um queijo tão americano" etc.

> E o cheddar nem americano é, surgiu na Inglaterra. Eu acabei de pesquisar. E isso só prova que esses tipos de pensamento não merecem tanta atenção.

Eu não segui com o assunto, mas pensar que Não é Tudo, ou seja, o queijo do qual falei não tem tanta importância, a resposta não é algo absoluto ou irreversível, dissipa esses pensamentos paranoicos como uma bomba de fumaça e eu volto para o presente.

Quando eu descobri isso eu nem acreditei.

Realmente, parecia uma viagem, doidera demais.

Ao escrever esse pensamento, eu ainda estava entendendo a dinâmica das trocas de perspectiva e tentava alternar o foco, achando que o que eu deveria fazer era não escrever e estar presente no rolê. Percebendo isso, eu parei no meio da frase e voltei a atenção aos meus amigos, mas como Não é Tudo, eu logo voltaria a escrever mais. E tá tudo certo, é sobre isso.

Não é Tudo é sobre não existir uma verdade absoluta. É aceitar que nunca teremos tudo perfeitamente completo e resolvido, porque as coisas estão em movimento. Só vamos ter tudo finalizado quando estivermos mortos.

E olhe lá.

Não é Tudo é dizer que você precisa parar de ficar a tarde toda nas redes sociais, mas isso não quer dizer que não vai mais entrar em nenhuma delas durante a tarde. Só porque você está saindo de um extremo não quer dizer que precisa ir para outro, só porque você não vai ficar o tempo todo, não significa que você não pode entrar em nenhum momento.

Não é Tudo é basicamente sobre ter bom senso, mas não é só isso também.

É ESSE JULGAMENTOZINHO, ESSE "CUIDA DA SUA VIDA, PORRA!", PARA AQUELA EU PARAR DE ASSISTIR OS OUTROS

Sabe essa sensação de saber que está pensando e perceber que está percebendo?

Às vezes, a Diretora tenta comparar o roteiro dela, conferindo o que as outras pessoas estão fazendo e se eu estou adequada à situação.

> Quando isso acontece eu me sinto meio sem lugar, sem saber muito bem o que fazer justamente por estar pensando em como pertencer ali.

Outras vezes, os pensamentos insistentes apenas observam, tiram conclusões, contradizem-se, pensam por outro lado, tiram conclusões, pensam por outro lado de novo...

> Às vezes, eu faço uma escolha e imagino como se tivesse escolhido o contrário, simulo e aponto o que eu não gosto, para validar que minha escolha foi a certa e que realmente não quero que a consequência do que eu não escolhi aconteça.

> Ao fazer isso, não estou vivenciando o que eu escolhi na vida real e estou vivendo justamente o que eu não quero na minha cabeça.

É esse "julgamentozinho" que me faz querer gritar "Cuida da sua vida, porra!" para a parte de mim que fica analisando além da conta e não me deixa descansar.

Às vezes, parece que estou em um emaranhado de pensamentos óbvios.

Observar as coisas é normal. O problema é quando é demais.

É A ANÁLISE

Que fique claro: eu amo análise! Acho incrível. Inclusive, estava escrevendo isso tudo para minha psicóloga, mas nem análise é tudo, da mesma forma que um remédio em doses muito altas vira veneno.

Acho bastante irônico e engraçado que analisar é o problema e a solução.

Esses pensamentos repetitivos da Diretora estão analisando a situação; os outros, eu mesma e meus próprios pensamentos, sejam eles analíticos ou não.

AGORA SÓ TÔ CONTANDO PRA VOCÊ PORQUE TÔ FELIZ

Agora, leitor(a), estamos bêbados e felizes com essa descoberta; ainda na mesa, ainda no quintal.

Eu escrevi este aqui não para analisar na terapia depois, apenas para compartilhar minha felicidade.

> E explicar toda essa viagem para o pessoal da mesa naquele momento estava fora de cogitação.

NEM ME LEMBRO

Peguei o celular para escrever e o pensamento passou como uma nuvem.

É um pouco sobre isso, sobre não agarrar e dissecar cada pensamento para ter certeza de alguma coisa.

EU TÔ FELIZ DEMAIS PRA FICAR FAZENDO ANÁLISE

Digo isso no sentido ruim e obsessivo do ato de analisar. Estou curtindo o momento, não o analisando.

(KAKAKA) ME DESCULPA, TATIANE

Tatiane é minha psicóloga.

E É ISSO

IDEIA PARA TATTOO: LARANJA COM FATIAS E UM DEGRADÊ

Leitor(a), fique comigo enquanto explico o conceito do tempo como a quarta dimensão. Essa teoria mudou minha vida.

O crédito da didática dessa explicação é de um homem chamado Ben Handy. Ele pensou em como explicar um conceito muito complexo de forma simples e postou no TikTok (@benjhandy). O algoritmo fez o vídeo chegar até mim e cá estamos nós.

Eu conheci essa teoria em 2021 e a mudança de perspectiva que ela me causou foi o berço para o Não é Tudo.

Vou fazer o meu melhor para explicar.
Vem que vai dar certo.

TEORIA DA LARANJA

O exemplo que ele usou foi com uma maçã, mas eu chamo de Teoria da Laranja, porque quando terminei o vídeo quis compartilhar com meus amigos para que eles também tivessem a experiência de conhecer a realidade desse jeito. Acontece que o vídeo é em inglês e nem todas as pessoas que eu queria que vissem conseguiriam entender um assunto tão complexo em uma segunda língua, então decidi eu mesma explicar e lá em casa o que tinha era laranja.

Primeiramente os princípios:

Uma dimensão é como uma linha.

Duas dimensões é uma superfície, como se fosse uma folha de papel, ignorando que ela tem uma grossura.

Três dimensões é como um cubo. E como estamos acostumados a viver, a ver e a pegar.

A quarta dimensão é o tempo.

Para facilitar a compreensão, Ben fez algo muito inteligente e criou um exemplo "descendo" uma dimensão para podermos visualizar a quarta dimensão como se fosse a terceira, que já estamos acostumados. É aqui que entram as frutas.

Eu escolhi a laranja, então vamos lá.

Essa laranja tem consciência, tem memória e sabe que está viva. Ela existe na terceira dimensão, mas só tem a percepção bidimensional.

Uma abaixo de nós, que temos uma percepção ridimensional do mundo.

Como, então, essa laranja veria a si mesma?

Podemos pensar que por uma fotografia ou pelo reflexo de um espelho, mas essas são representações bidimensionais de coisas tridimensionais. A laranja não entende a tridimensionalidade, logo, ela vai se perceber em fatias bidimensionais dela mesma.

Enquanto vive sua existência, ela vai passando por fatias. Para a laranja, ela é a fatia em que ela está e não se vê como uma parte do todo da fruta.

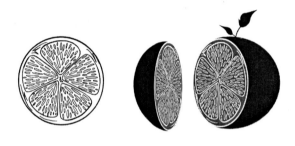

No começo, ela vai ser só um pouquinho de casca de laranja. Depois, as fatias vão ficando maiores, com mais gominhos, e a laranja entende isso como se ela estivesse crescendo e mudando. Em algumas fatias haverá sementes e depois não mais. Por fim, a laranja pode sentir medo, porque suas fatias estão diminuindo, e logo ela deixará de existir.

Existindo na terceira dimensão, mas percebendo na segunda, a laranja não tem o conceito de nada depois que ela "acabar".

> Qualquer semelhança com a vida humana não é mera coincidência.

Nós, por outro lado, podemos pegar uma laranja em sua inteireza, como uma unidade, rodá-la, descascá-la e fazer um suco. Agora é só "subir" uma dimensão.

> Nós existimos na quarta dimensão, espaço tempo e tudo mais, mas percebemos em apenas três dimensões. Ben Handy, essa explicação foi incrível!

Outro jeito de visualizar é pensar em um livro. A história acontece ao decorrer das páginas, mas tudo existe ao mesmo tempo dentro do livro, inclusive as partes que ainda não foram lidas.

O que me tocou nessa teoria e tornou-a tão significativa para mim é a ideia de que não somos só quem somos agora. Nós estamos onde estamos, mas somos tudo o que já fomos e tudo o que seremos. Você está em uma fatia agora, lendo este livro, e eu espero que seja uma fatia agradável; mas se não for não se preocupe, é só uma fatia da sua vida.

A teoria da laranja me deu a perspectiva de que mesmo que pareça que nada mais faz sentido, é só uma fatia estranha e ela não representa o todo. As fatias doces existem mesmo quando estamos nas fatias azedas

Não é Tudo, é só uma fatia da laranja.

CADA VEZ QUE DIGO "NÃO É TUDO", EU TÔ PENSANDO COM A MENTE DA JULIANA QUE EU OBSERVAVA

É como se eu tirasse um óculos sujo e voltasse a enxergar a realidade sem barreiras.

É a sensação de quando você volta para a superfície depois de ficar um tempo embaixo d'água.

É ganhar liberdade, sentir pertencer no mundo tanto quanto qualquer outra pessoa.

É ter a mesma capacidade dos outros de impactar e mudar a realidade do "aqui e agora", tomando decisões e executando-as.

QUE DOIDERA

Doideira mesmo, viu?

O mais doido é que eu tenho consciência de que estou escrevendo coisas que algumas pessoas não vão entender. Eu tenho essa consciência de que podem me achar doida,

> Todo mundo pensa diferente e algumas pessoas não estão abertas para essa abstração toda e tudo bem.

mas faz sentido para mim.

Isto é um relato de todo um processo de análise e terapia que ilustrei e personifiquei, criando conceitos em cima das coisas que se passavam na minha cabeça para conseguir lidar com elas. E por mais "louco" que seja, funcionou! Minha qualidade de vida melhorou, eu parei de ter crises de ansiedade e me entendo melhor, o que ajuda em muitas coisas, principalmente em situações difíceis e desestabilizantes.

Tudo neste livro é muito real.

> Eu precisei escrever os capítulos várias vezes para conseguir organizar e passar as ideias de um jeito que alguém além de mim entenderia? Sem dúvida! Mas é esse o potencial delicioso que a escrita tem de compartilhar, explicar e registrar ideias de uma forma pensada. Eu já pintei quadros que carregam muito significado e verdade, mas a escrita permite um aprofundamento muito maior. Uma imagem fala mais do que mil palavras, mas ela não se explica sozinha.

VISUALIZANDO

NÃO ESTOU CORRENDO EM CIMA, PISANDO NAS BORDAS

Agora já não estamos mais no rolê, o que não quer dizer que eu parei de pensar sobre a epifania.

Segue ilustração de como imaginava passar pelas fatias da laranja antes e depois:

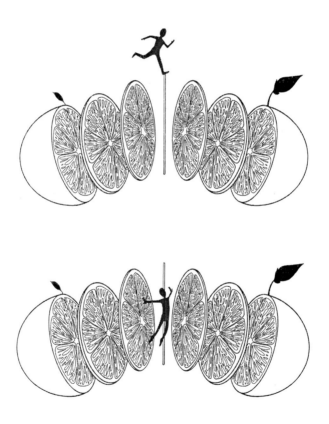

ACHO QUE A JULIANA DIRETORA SE DÁ PELO DESREGULAMENTO DO PONTEIRO DO 8 OU 80

Como havia dito, minha mente às vezes tem dificuldades em existir flutuando no meio-termo. Em busca de certezas, meus pensamentos vasculham extremos e eu acredito que a Diretora faz o papel de um *border collie*, um cão pastoreiro que corre atrás dos pensamentos que vão muito para as bordas, como se fossem ovelhas escapando do rebanho.

O *border collie* correndo atrás é a racionalização.

E como corre! O problema é que ele não só devolve a ovelha. Esse cachorrinho às vezes continua correndo em círculos em volta de uma ovelha que já voltou para o grupo, e isso cansa.

Essa continuação é quando os pensamentos ficam fora de controle e entram naquele ritmo obsessivo de analisar a coisa, e depois ele mesmo, e também o que quer que eu pense enquanto isso está acontecendo.

Não é sempre que o Não é Tudo consegue me tirar dessa, mas na grande maioria das vezes ele funciona.

MAS ELA É BOA TAMBÉM, PENSA BASTANTE... O NEGÓCIO É FALAR "ISSO AÍ!" OU "BORA LÁ!", QUE ELA ACALMA. MAS ELA É IMPORTANTE TAMBÉM, MAS TAMBÉM NÃO É TUDO, TEM QUE TER EQUILÍBRIO!

Isto foi algo que descobri um tempo depois da epifania: a parte Diretora pode ser cansativa, mas ela não está sempre errada.

Até porque Não é Tudo.

A ideia do Não é Tudo é boa, mas e se o pensamento valer a pena considerar? E se ele não estiver errado? Porque ao mesmo tempo em que Não é Tudo, também não é nada.

É bom que nosso *border collie* traga a ovelha de volta, mas como impedi-lo de pastoreá-la infinitamente?

Não faz sentido dizer "Não é isso", porque ele fez o certo. Além disso, estamos falando com nós mesmos

Uma parte de nós.

e não é legal ficar sendo negativo com a gente o tempo todo. Então, assim como com cachorros, depois de dar a patinha nós elogiamos, damos um petisco e encerramos a tarefa.

É reconhecer o pensamento ou percepção e deixar passar.

JUJU GONÇALVES

E TUDO BEM PORQUE NÃO É TUDO, É 01 UNIDADE DE JOGO DE SINUCA, É NATURAL

Eu gosto de jogar sinuca. Sinuca é um ótimo jogo para ser jogado com amigos em bares, e ouso dizer até em uma situação como um primeiro encontro.

É uma atividade, você e a pessoa não vão precisar passar pela angústia do silêncio, pois tudo bem o silêncio, vocês já estão fazendo alguma coisa. Além disso, é divertido, competitivo, e vocês podem simultaneamente fazer todas as coisas que fariam se fossem em um barzinho só para beber.

A minha habilidade na sinuca está diretamente ligada a como minha cabeça está funcionando no momento. Quando estou presente, Personagem, confiante, eu posso ser bem boa. Eu confio no meu taco

De sinuca.

e as coisas acontecem. Eu confio na minha mira e funciona. Isso aumenta minha autoestima, o que vai alimentando o *momentum* de jogar uma boa partida.

Por outro lado, jogar sinuca pensando sobre estar jogando sinuca é péssimo, não funciona. Coisas como o instinto de saber qual bola tentar, o ângulo pouco convencional que funciona... Tudo isso e mais um pouco fica coberto e embaçado pelo pensamento da incerteza, da dúvida.

"O que será que eu devo fazer? O que meu parceiro faria agora?"

> Quando você está jogando em dupla tem a questão agravante de que se você errar prejudica a outra pessoa.

Será que eu consigo essa bola? Como será que as pessoas à minha volta estão me percebendo? Vou nessa aqui, que está mais na cara da caçapa. Mirei, mas vou mudar o ângulo um pouquinho para garantir. Eu sei fazer isso, é a hora de mostrar. Por que não acerto nada?". É um horror, eu erro tudo, o que só piora a confiança e os pensamentos.

Sair desse padrão no meio do jogo é difícil. É possível fingir confiança até consegui-la de verdade se estamos tentando passar uma boa impressão para alguém de fora, mas é difícil mentir pensamentos para mudar a realidade interna instantaneamente. Só que tudo bem, porque é literalmente só um jogo de sinuca.
É frustrante deixar seus próprios pensamentos sabotarem uma coisa que você sabe fazer? Sim. É vergonhoso jogar mal na frente de todo mundo? Também. Mas é só isso, um jogo com amigos em algum bar qualquer em qualquer lugar. É pequeno, mesmo ocupando esse espaço todo que ocupa.

> Além disso, é um jogo.
> Alguém vai ter que perder.

0,0   0,1

O Não é Tudo é como a percepção do infinito que existe entre o 0,0 e o 0,1.

Como se cada um desses dois números fosse um extremo do espectro.

SÃO SATURAÇÕES DIFERENTES

Não é Tudo é sobre não ter que ser sempre preto ou branco.

Até pode ser, porque os extremos fazem parte, mas são menos comum.

É sobre nuances, sobre abranger a percepção para um cinza, depois um cinza-claro, um médio e um escuro, e por aí vai. Assim como entre o 0,0 e o 0,1, existe um degradê entre o que antes eram dois extremos absolutos.

O degradê da tattoo da Teoria da Laranja finalmente explicado!

Eu percebi que o título do capítulo fala de saturação e o meu exemplo é todo em preto e branco, mas imaginando esses ajustes em programas de edição como o Photoshop, o conceito se aplica. Além disso, vai que o miolo deste livro é em preto e branco.

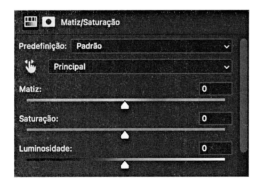

É TIPO CONTAR UMA HISTÓRIA DO PRESENTE

Este aqui é sobre a autoanálise.

O lado meio problemático de contar uma história do presente é quando deixamos de participar. Quando o quesito "história" tem mais peso que o "presente" e nós nos afastamos, descemos do palco e viramos apenas diretores e telespectadores da vida.

O lado bonito é a percepção do presente como ele é, sem um roteiro a ser seguido, e acompanhar o desenrolar das coisas se mantendo presente, como se fosse uma Juliana Narradora.

> Não se apegue à Juliana Narradora, por mais promissora que ela seja. Já vou entrar na questão das Julianas e a da visão em terceira pessoa.

UM MOMENTO INTEIRO NÃO É TUDO

Novamente, venho com um pensamento que é óbvio, mas importante de lembrar.

Um momento, independentemente do tamanho dele, é real, faz diferença, mas Não é Tudo.
Vamos imaginar que nossa vida é uma sala

> Uma sala bem bonita, toda de mármore e com várias colunas.

e as colunas são os momentos. Por mais que uma coluna se despedace em ruínas,

> A sala funciona assim: momentos bons, que agregam, ensinam e dão vontade de viver são colunas; e os momentos ruins são as quebras das colunas.

vão existir outras capazes de sustentar o teto e novas colunas vão surgir.
A vida acontece nos momentos, mas, mesmo assim, eles não têm o poder de, sozinhos, erguer ou derrubar a sala.

> Essa não é uma analogia perfeita, mas é boa o suficiente para me ajudar a ilustrar a ideia.

É ARTE

Olha que curioso: há um tempo atrás eu estava assistindo o ensaio de uma banda. Naquele dia, estava fundo dentro de mim, com meus pensamentos, até que me pediram para filmar um pouco para poderem assistir depois.

Ao ver a realidade através da câmera do celular eu voltei a viver no momento, como se a parte que segura a câmera é a que fica presente.

> Acho que tem a ver com o que estou prestando atenção. Isso afeta o que importa e, consequentemente, como me sinto, como se segurar a câmera de verdade tirasse a câmera imaginária da mão da Diretora.

Observar a vida como arte, reparando nas luzes, ângulos e cores me ajuda a ficar ancorada no presente e no que está realmente acontecendo.

> Quando a Diretora está com a câmera, o que importa é estar "existindo certo", e o que define isso é a impressão do outro sobre mim. Quando estou observando o momento através de uma lente, o momento é o que é, sem juízo de valor, e eu tenho a liberdade de enquadrar e focar a imagem do jeito que eu achar melhor.

Ideia de tattoo:
Viva como se fosse arte.

Porque é.

ESTÉTICA ZUNIM MUITOS PENSAMENTOS

Zunim é um quadro que faz parte de uma exposição que eu fiz chamada "Distanciamento", que retrata diferentes distâncias durante a pandemia:

Física – sendo o distanciamento social e o uso necessário de máscaras. O quadro tem alto relevo em branco na máscara e no cabelo da mulher, que só são realmente vistos de perto.

Social – criticando a desigualdade social que já existia e os impactos disso nas pessoas mais vulneráveis. O quadro de 2,5 metros tem uma pessoa em cada ponta, separadas pelos 2 metros de distância recomendados. Em uma das pontas, um homem branco e jovem e do outro uma mulher negra e mais velha; entre eles, os 2 metros são de "sangue", representando que a distância entre os dois personagens é bem maior do que a física.

Moral – criticando a discrepância entre as atitudes do presidente da época e outros líderes ao redor do mundo. O conjunto de dois quadros, chamado "Bolso", apresenta a nota de um dólar impedindo que a vacina chegue no braço de uma pessoa, remetendo a quando o governo Bolsonaro pediu propina de um dólar por dose de vacina. O nome do quadro brinca com o bolso, onde guardamos dinheiro, sendo também o começo do nome do presidente da época.

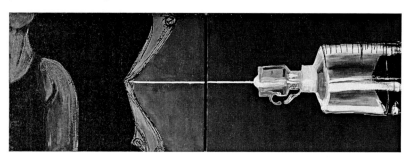

Emocional – envolve dois quadros, um deles sendo o Zunaute (*zoom out*), que é um autorretrato bem distante e, por isso, sem muitos detalhes. O outro quadro é o Zunim (*zoom in*), outro autorretrato, mas dessa vez estou bem de perto na tela, cercada de *easter eggs* da minha quarentena.

Na época, eu já conhecia a Teoria da Laranja, tanto que ela está representada na minha testa. Nada disso aqui do livro tinha acontecido ainda, mas mesmo assim a estética do quadro com muitas coisas acontecendo ao mesmo tempo, como um mosaico da minha quarentena, combina com os pensamentos acelerados e sobrepostos.

A NARRAÇÃO

3º PESSOA

Existe um afastamento em falar de nós mesmos em 3º pessoa e eu tenho certeza de que isso foi crucial para eu conseguir fazer estas análises.

Fragmentei-me entre Juliana Diretora e Juliana Personagem para entender a dinâmica dos fluxos de pensamento, para entender **meus** pensamentos. Depois de um tempo assim, já estava familiarizada com minha estrutura mental e era hora de me reinserir na narrativa.

Por mais que eu nunca tivesse visto as partes Diretora e Personagem como separadas de mim em qualquer forma, unir tudo que designava as Julianas separadas em um "eu" fez com que eu me sentisse como se estivesse sendo contraditória. Mas é um pouco sobre isso também.

> A contradição existe porque existe mais de uma verdade.

COMPROMISSO DE NÃO MUDAR

Algo que me perturbava era a ideia de que eu não poderia mudar.

> Ou do trabalho que seria mudar. A sensação é como se tivesse que refazer meus documentos, notificar e me justificar para todas as pessoas que me conhecem caso eu mudasse de ideia ou parasse de fazer alguma coisa do jeito que fazia antes. Como se eu devesse satisfação para os outros de tudo que sabem sobre mim e que o saber do outro validasse a verdade do meu ser. Nesse pensamento, para eu mudar ou crescer, teria que passar primeiro pelo outro. Fui percebendo essas últimas partes enquanto revisava o texto.
> Olha só que interessante.
> A ideia de precisar do consentimento do outro para desabrochar nutre o roteiro.

Isso fazia com que tudo tivesse um peso muito grande porque era definitivo.

Qual o real problema de dizer que meu queijo favorito é o cheddar?

> Nunca foi.

Que essa seria minha resposta final e eu teria que viver com isso.

> As escolhas têm um peso muito maior quando só podem ser feitas uma vez.

Acho que eu levava o outro e a imagem que um dia eu passei muito em consideração. O que alguém diria se eu mudasse e desfizesse a imagem que eu acho que a pessoa tem de mim?

Talvez nada, talvez nem percebessem, talvez estivessem preocupados com seus próprios pensamentos. Além disso, faz muito mais sentido ir atualizando as pessoas que gostam de nós sobre nossas novas versões do que viver em peles passadas para acomodar pessoas que podem querer conhecer o "eu atual".
E digo mais: nós vamos mudar.
E digo mais ainda: que bom!

(ótimo, concordo, mas olha eu nesse comentário, ainda presa à ideia de que preciso responder aos outros por todas as minhas mudanças).

Nem tudo precisa ser dito, descrito, explicado ou justificado.
Outra coisa muito importante...
Nós podemos não querer mais sem precisar de uma justificativa.
Nós podemos simplesmente querer parar.
Nós podemos não gostar mais só porque mudamos de tal forma que não gostamos mais.
Nós podemos concordar e depois discordar.
Nós não somos reféns de um "sim" que não nos serve mais.

O QUE EU QUERO É O ROTEIRO

Ter o roteiro de como devo agir baseado no que os outros estão pensando e no que eles esperam, não só de mim, mas também da situação, é insustentável. Primeiramente porque, a não ser que eu pergunte, nunca vou saber com certeza o que os outros pensam ou esperam.

> Vão ser apenas suposições que vou ter bolado dentro da minha cabecinha. A sensação do pensamento é que a impressão do outro ocupa o mesmo patamar na minha experiência de vida do que a minha própria experiência de vida.

Em segundo lugar... E o que eu espero? E quanto às minhas expectativas?

> Eu não sou melhor do que ninguém, mas só eu sei o que eu quero, e não posso esperar que ninguém viva dependendo disso, deixando de lado as próprias escolhas para tentar adivinhar e atender às minhas expectativas. Não é razoável esperar isso de ninguém e, ainda assim, é algo que me cobro.

Como nem nas melhores intenções eu conseguiria viver à altura das expectativas dos outros, já que nem sei quais são,

> E não é um jeito saudável de viver.

estou trabalhando para me libertar dessa obrigação e viver a partir do que eu quero.

O que não quer dizer que vou parar de levar os outros em consideração e tudo mais. Vocês sabem...
Não é Tudo.

Meus pensamentos, meus desejos e minhas percepções são tão reais e dignos de consideração quanto os das outras pessoas.
A Tatiane, minha terapeuta, me disse:

Uma boa notinha para ter no bolso:
"Não foque no que você
não quer que aconteça.
Foque no que você quer".

E isso é muito verdade. Assim como um esquiador profissional

Dos que descem a montanha fora da pista.

não foca nas árvores que ele precisa desviar. Ele foca no caminho que vai descer.
Essa é, literalmente,

Não tão literalmente assim, mas pode ser também.

uma boa notinha para se ter no bolso, porque mesmo depois de ela ter me dito isso, levei coisas para sessões futuras que foram resolvidas com esse mesmo *post it* imaginário.

Há melhorias que nós temos que praticar.

SER QUEM EU QUERO SER PRA MIM

Pode ser difícil descobrir o que queremos. Não é à toa que, muitas vezes, buscamos exemplos nos outros.

Descobrir quem queremos ser também pode ser difícil, pois o outro impõe valores e expectativas que bagunçam nossa originalidade e nossos instintos.

Nós podemos escolher quem vamos ser. Basta honrar nossos valores com nossas escolhas.

> Podemos brincar de faz de conta para conhecer o que queremos e do que gostamos.

Se eu acho super legal pessoas que têm a casa cheia de plantas, eu vou começar a ter as minhas plantinhas sem problema nenhum;

> E se eu não gostar, posso desistir e comprar plantas de plástico.

Se eu admiro pessoas que gostam de fazer atividade física, eu vou procurar jeitos de despertar essa animação em mim.

Se, assim como Alcione, em *A loba*, eu não quero ser uma corna mansa, vou terminar o relacionamento se a pessoa me trair.

> Ser ou não ser corna está fora do nosso controle, mas o que fazer depois não. Claro que existem situações em que isso é muito mais complicado, mas o princípio permanece.

Se eu quero ser uma boa amiga, quando a ocasião chegar, eu vou tomar a atitude de permanecer e apoiar.

Se eu quero ser uma pessoa educada, vou cumprimentar e agradecer as pessoas que estão trabalhando para o meu conforto e para a minha segurança.

Se eu quero ser do bem, vou escolher a opção mais gentil. E por aí vai.

> Até mesmo no amor, estou vendo o que espero que alguém que me ame pense sobre mim e estou buscando cultivar essa admiração por mim mesma. Descubro em mim as coisas que tendo a procurar no outro e deixo para quando amar novamente a experiência de ir mais completa e segura, amando mais a outra pessoa por ela do que apenas por como ela me ama.

E sobre a opinião das outras pessoas...

Quando vamos tomando decisões das quais nos orgulhamos e vamos construindo um "eu" do qual gostamos, ser nós mesmos fica menos assustador.

TUDO IMPORTA. O QUE EU JÁ FAÇO IMPORTA TAMBÉM, DAR VALOR, VIVER, VIVER

Para quem não conhece, o Não é Tudo pode dar uma impressão de ser algo para o lado de que nada realmente importa, mas não é isso.

Um exemplo para este capítulo são as pequenas coisas que te trazem alegria: ouvir uma música, acender uma vela, abrir a janela e deixar a luz entrar...

Muitas vezes não nos permitimos ser felizes com coisas tão pequenas, mas podemos ser.

Da mesma maneira que 0,1 pode parecer um número insignificante, ele é o final de um infinito depois do 0,0, e nós que escolhemos a escala que vamos usar para as nossas coisas.

Levantar da cama pode ser visto como algo quase automático, mas existe importância nesse ato e é válido celebrá-lo.

Especialmente se exigiu esforço.

EU POSSO IR NO ESPECTRO COMPLETO

Eu estou este livro todo falando mal dos extremos, mas tenho motivos para isso.

Já me encontrei sentindo como se toda a pigmentação do degradê tivesse escorrido e me deixado com o vazio. Não é uma posição divertida de estar, nem meus pensamentos superenergéticos e caóticos que podem me causar ansiedade estão aqui. Minhas visualizações e as construções que fiz a partir delas não podem ser vistas. É como uma tempestade de areia, mas nem a areia é de minha autoria.

Mas a tempestade passa.

Não existimos nos extremos o tempo todo.
Um *bodybuilder* não está na sua melhor forma o tempo todo.
Um contorcionista, mesmo conseguindo ângulos extremos com seu corpo, não faz isso o tempo todo.
Um recordista em segurar o fôlego embaixo d'água não faz isso o tempo todo.

Ele estaria morto.

Os extremos podem ser assustadores e faz sentido evitá-los.

Foi o que eu fiz.

Mas quanto será que eu me recolhi?

Eu não sei, porque essas coisas mentais são uma das poucas coisas que nós, como espécie, ainda não sabemos medir.

E aí entra a terapia, que me ajuda a perceber e a lidar com poder, sim, ir aos extremos. É meu, todo esse espectro existe dentro de mim, então eu posso querer me conhecer sem medo. Isso até ajuda a lidar com os próprios extremos ruins e possibilita que vivências extremamente positivas aconteçam.

Mas também não é porque a gente pode ir a algum extremo que a gente precise, deva ou queira...

EU

AMEBA

Eis uma nova visualização da mente humana:
O desenho de uma ameba.

        Estou seguindo a mesma ideia do cachimbo, que não
        é cachimbo de René Magritte.

É o desenho de uma ameba porque é uma representação.
Eu imagino a mente ainda com degradês, mas não uma única linha de degradê. Várias. Em movimento.

        Pensar em galáxias e na malha que usam para representar a gravidade ajuda um pouco.

Como uma malha que dá voltas em si mesma, estica, puxa, desaparece, explode...

Os próprios degradês se movimentam, colorindo e descolorindo áreas, formando as linhas que ligam e conectam. Não duvido também que a mente forme imagens

        Na verdade faria bastante sentido.

e flashes, tipo como retroprojetores funcionam: a imagem só existe se ela pode ser projetada em alguma coisa ou lugar.

É uma coisa difícil de imaginar e mais difícil ainda de representar, por isso uma ameba.

A ameba é um animal que existe inteiro em uma célula e pode ter várias formas diferentes.

          A verdade é que eu estava pensando em uma amoeba no começo, mas me recuso a representar a mente humana com um brinquedo patenteado.

Como é algo difícil de desenhar, essa malha,

          E eu que estou ilustrando o livro.

podemos imaginar o movimento, a complexidade, a unidade e a contradição da mente humana em um desenho de uma ameba.

NÃO É TUDO

Por bem ou por mal, eu precisei desenhar uma versão mais detalhada da "mente humana" para chegar nessa forma.

JUJU GONÇALVES

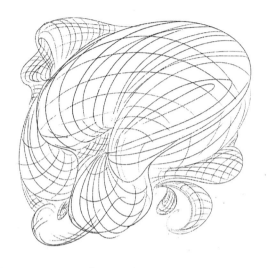

EU SOU O OUTRO

Enquanto jogo pingue-pongue na ameba,

        Uma analogia para o vai e volta dos pensamentos.

posso jogar a sabedoria da resposta no outro.

        Por exemplo, imaginar o que outra pessoa diria sobre o assunto.

Mas se estou imaginando ainda sou eu.
Isso parece bobo. Hoje entendo que é porque eu aprendi com tal pessoa e ela está presente nas minhas referências mentais. Simples assim. Mas teve uma época em que fui para o extremo de não considerar minha parte nisso.

Não considerava o meu aprendizado, como se o saber ainda só existisse na outra pessoa, então perceber que esse "outro" que é tão sábio está sendo pensado dentro da minha cabeça me ajudou a apropriar mais dos meus pensamentos e confiar mais em mim. Mesmo tendo sido ensinada, eu fiz o papel de reter o conhecimento, ou internalizar a reflexão, e sou capaz de usar isso em situações futuras.

        Acho que isso era uma questão porque eu não acreditava ou não me dava o crédito, de que posso ser plural, complexa e ocupar vários espaços, então terceirizava saberes e deixava-os sobre a gerência dos outros. Outra coisa que percebo que acontece é quando eu penso ou faço algo inteligente ou bem feito. Eu levo minha mente direto para pensar em como isso impactaria a vida profissionalmente, perante os outros, ao invés de ter esse momento para mim de "Nossa! Isso é bom.", e curtir esse sentimento.

EU SOU A LARANJA

Eu cometi um erro na minha primeira visualização.

>Na verdade, o erro começou quando disse que você **estava** em uma fatia lendo o livro e eu esperava que fosse uma boa fatia. Você **é** a fatia e a laranja, você vive a fatia de agora.

Ao dizer que eu não estava pisando nas bordas e, sim, passando pelas fatias, eu me separei da laranja. Tudo bem que eu me coloquei mais dentro da laranja, mas ainda assim estava em 3ª pessoa, logo depois de explicar que nós **somos** as laranjas.

>Era todo o ponto da analogia.

Isso não impediu o mantra ou os pensamentos de funcionarem e evoluírem, mas quando eu lembrei que **era** a laranja algo se solucionou e eu soube também que terminaria o livro assim.

Eu não me lembro exatamente o que estava me afligindo naquele momento, mas tinha algo a ver com minha percepção em relação à percepção do outro, e estava bem barulhento e bem bagunçado dentro da minha mente, os pensamentos batendo um no outro igual uma bolinha de *pinball*.

E aí eu lembrei da laranja irritante.

>Aquele vídeo antigo do YouTube, sabe? Que se passa em uma cozinha e uma laranja fica irritando as outras frutas, em especial uma maçã.

Aquela laranja é só uma laranja. Ela pode ser irritante e as outras frutas podem não gostar dela, mas mesmo assim ela está lá, sendo ela mesma, chata paca e inteira. Uma unidade de laranja escolhendo o que fazer.

Ser irritante não é um dos meus objetivos, mas ser eu mesma sem sentir que preciso me justificar por isso ou colocar o que eu acho que estão pensando de mim no primeiro plano, é.

FIM

O livro oficialmente acabou porque tinha que terminar com a realização de que sou a laranja, mas queria deixar mais um pensamento que acho bem bonito.

Obrigada por ter lido!

O CHEIRO DA VIDA

Estava eu em um domingo, mexendo no celular, quando me deparei com um meme que dizia: "Já sinto o cheiro do despertador tocando amanhã".
Eu entendi o que ele quis dizer com isso,

> assim como todas as outras pessoas que curtiram a postagem,

e essa sinestesia de sentir o cheiro de algo que não tem cheiro me fez lembrar de uma sensação que tinha às vezes, mas que até então não sabia explicar. Hoje, entendo-a como sendo o cheiro da vida.

Assim como com outros cheiros, se ficarmos expostos a ele tempo o suficiente, paramos de percebê-lo. Como estamos vivos desde de que nascemos, o cheiro da vida passa batido, mas dá para reparar às vezes.

Um dia, voltando do trabalho para casa,

> Naquela época trabalhava em uma parte bem alta da cidade, então a vista era muito bonita.

estava parada no trânsito, com muitos pensamentos, e reparei no pôr do sol. Era lindo, com tons de rosa e laranja iluminando as nuvens, e aí eu me lembrei de que estava viva. Além de estar no trânsito, além de estar em um carro, além de viver em uma sociedade construída por nossa espécie e além de todas as coisas que vêm com isso, eu estava ali, existindo. As outras coisas não desapareceram, mas eram apenas elementos na caixa de areia que é ser vivo. Do mesmo jeito que uma árvore está existindo no planeta Terra, eu também estou. Quando a luz de freio do carro da frente se apagou, eu voltei para o comum e continuei com a vida. Mas é esse o cheiro.

Como dá para sentir estar acordando para o trabalho, ou sentir o Natal, eu estava sentindo estar viva.

Sentir o cheiro da vida pode não ser sempre maravilhoso porque a vida tem isso de continuar sempre. Sentir o cheiro da vida durante um momento mágico faz lembrar que é um momento que também vai acabar e vamos voltar ao comum.

> Para isso, digo que os momentos não se tornam menos especiais, pelo contrário, e conseguimos guardá-los nas nossas lembranças.

Sentir o cheiro da vida em um momento difícil é calmante.

> Provavelmente vocês vão reconhecer esse momento porque nenhuma experiência é única.

No fundo do poço, em meio a uma crise de choro, eu olho para o nada e contemplo a existência. Meus pensamentos e a realidade em segundo plano, apenas deixando o tempo passar. O cheiro da vida me lembra que as coisas vão voltar ao comum. A vida vai seguir e eu vou me adaptar, esse momento vai virar passado.

No banheiro da festa, quando paro por um instante e reflito que estou ali, naquele momento, divertindo-me... O cheiro da vida é engraçado dependendo da situação.

Agora mesmo... Eu estou escrevendo no meu quarto. Você, lendo o livro, onde está. Estamos vivos, existindo, e isso é bom.

> Como estamos vivendo o tempo todo, acostumamo-nos com o cheiro da vida. É assim que deve ser. Mas é legal reparar às vezes.